ÉLOGE

DE

M. L'ABBÉ C. L. ROUX,

LU A L'ACADÉMIE DE LYON,

LE 26 AVRIL 1830,

Par J. B. Dumas,

SECRÉTAIRE PERPÉTUEL.

LYON,

IMPRIMERIE DE J. M. BARRET, PLACE DES TERREAUX.

1830.

ÉLOGE

DE

M. L'ABBÉ CLAUDE-ANTOINE ROUX,

MESSIEURS,

Tous nos confrères sont nos amis. Lorsque la mort nous les enlève tour à tour, votre honorable confiance me donne le soin d'exprimer publiquement vos regrets et les motifs de votre douleur: sans parler des tributs que parfois une affection personnelle vous fait acquitter pour moi, il est trop vrai que je remplis souvent mon triste devoir. Je l'accomplis en ce jour, avec un empressement bien naturel et bien légitime. Depuis l'établissement de votre compagnie, en 1700, personne, à l'exception peut-être de La Tourette, ne lui a rendu des services plus éminens et plus assidus, que l'ancien secrétaire perpétuel dont je vais vous entretenir; et dans un lieu, si plein encore de son souvenir, il est permis à son indigne successeur de compter un peu sur votre attention et sur votre indulgence.

M. l'abbé Roux vit le jour à Lyon le 18 juin 1750 ; il n'eut pas une naissance plus illustre que celle de l'abbé Maury ; et son père, comme avait fait le père de J. B. Rousseau, lui procura une solide et brillante éducation. Son instruction immense et féconde, qui ne fut chez lui qu'un dépôt et qu'il ne cessa de répandre avec la plus heureuse générosité ; il l'avait recueillie successivement à Lyon, où il fit son cours de rhétorique sous le père La Serre, de l'oratoire [1] ; à Orléans, où il acheva un cours de philosophie [2] ; à Paris, où, après en avoir suivi un nouveau [3], il prit le grade de maître des arts [4] ; et il augmenta ses vastes connaissances dans les études qui occupèrent tous les instans de sa vie. Entièrement renfermé dans une existence scientifique, morale et littéraire, M. Roux fut un prédicateur célèbre, un professeur très-habile, un académicien spirituel et laborieux. La juste appréciation de ces trois caractères suffirait à son éloge, si je pouvais, avec des traits convenables, vous en offrir un rapide tableau.

Promu à la prêtrise le 23 septembre 1779, nommé chanoine de St-Nizier le 19 août 1785, il se livra surtout à la prédication, et après avoir traversé nos longs orages sous le voile laïque, mais en ne cessant jamais d'honorer le ministère dont il était revêtu, il fit, le 16 juin 1802, sa soumission entre les mains de l'évêque de Chambéry, et reprit, le 6 avril 1820, ses

[1] Fini le 26 août 1765.

[2] Au séminaire des Sulpiciens. Ce cours fut achevé le 25 août 1767.

[3] Petite communauté de St-Sulpice, collége des Grassins. Fini le 29 août 1769.

[4] Id.

fonctions sacerdotales. Comme les sermons qu'il prononça furent entendus peu d'années avant la révolution, plusieurs de ses contemporains, encore vivans, se rappellent l'éloquence qui les animait, l'affluence qu'ils attiraient constamment et le succès dont ils étaient couronnés. Dans sa bouche, la parole de Dieu gardait sa force et sa puissance; à l'énergie, à la profonde justesse de la pensée, il ajoutait la grâce, l'exactitude et l'élégance de l'expression, qualités spéciales de son talent. Si, sans le vouloir, il suivait une école, c'était celle de Massillon, plutôt que celle de Bourdaloue; il pensait qu'une simplicité naturelle et touchante, animée par des images vives et sensibles, était plus propre à graver dans l'âme les vérités du christianisme, que toute la rigueur de la dialectique, et il ne cherchait qu'à réveiller dans les cœurs la douce logique de l'évangile. Bien qu'on ne puisse pas dire, dans les matières sacrées qu'il traitait:

La grâce en s'exprimant vaut mieux que ce qu'on dit,

toujours est-il certain que son élocution facile et soignée, son débit attrayant et flatteur, le faisaient écouter avec plus d'intérêt, avec plus de plaisir et par conséquent avec plus de fruit et d'efficacité; la foule se pressait à ses trois sermons sur la passion, la résurrection et le mystère de la croix; ils existent en manuscrits, ainsi qu'un sermon pour la prise d'habit d'une religieuse, des instructions pour les principaux dimanches de l'année, et d'autres sermons sur l'aumône, la religion, la rechûte, etc. De ces matériaux précieux on composerait un volume qui serait publié avec avantage et succès, s'il était permis de blesser, après sa mort, l'insurmontable répugnance que M. Roux conserva toute sa vie pour la publication de ses ouvrages. J'ignore s'il faut attribuer à une excessive modestie, à une insouciance philosophique, ou bien à la crainte exagérée d'une critique injuste, cette répugnance qui n'a laissé jouir que d'une grande renommée locale et contemporaine, un homme doué d'un talent réel et enrichi d'un savoir éminent. Dans peu d'années, toutes les dettes de la reconnaissance publique ou particulière auront été acquittées; sa mémoire s'évanouira; il a négligé de s'ouvrir un compte avec la postérité.

Avant d'être utile à la société par ses prédications religieuses, M. l'abbé Roux l'était déjà dans l'enseignement public. Il y consacra quarante-cinq années. Le 1.er novembre 1770, il commença à professer la philosophie au collége royal Dauphin de Grenoble, et il ne quitta l'inappréciable carrière de l'instruction que par la suppression étrange de la faculté des sciences de Lyon, le 31 octobre 1815. Une chose digne de remarque et qui n'étonnera que les sots, c'est que le professeur de philosophie à Grenoble, y suivit pendant deux ans le cours d'anatomie du P. Dominique. Tant son esprit, avide de connaissances, sentait le prix de l'étude, dont Cicéron a si justement énuméré les jouissances, de l'étude qui nous initie à tous les secrets connus de la nature, et qui ne nous laisse étrangers à aucun des intérêts de l'humanité.

C'est par l'étude que nous sommes
Contemporains de tous les hommes
Et citoyens de tous les lieux.

Le 1.er novembre 1774, l'abbé Roux vint professer la rhétorique au collége Notre-Dame à Lyon, et depuis cette époque il a toujours vécu au milieu de nous. Ses cours eurent la solidité et l'éclat de ses talens. Je nommerais un grand nombre de ses élèves, qui se sont distingués dans différentes carrières, si je ne craignais de satisfaire leur reconnaissance aux dépens de leur modestie. On ne quitta le maître chéri qu'à la cloture de l'école, lorsque les agitateurs de notre patrie voulurent étendre sur elle ce crêpe d'ignorance si favorable aux mystères de toutes les révolutions.

Mais dès que l'obscurité se dissipa, M. Roux fut remis à la tête de la société : car c'est ainsi que j'appelle la place des professeurs. Il obtint la chaire de mathématiques à l'école centrale du département du Rhône le 29 août 1796, et ouvrit son cours le 23 novembre suivant. Professeur de mathématiques transcendantes au lycée, depuis le 13 mai 1803 [1], professeur de mathématiques pures à la faculté des sciences [2], depuis

[1] La chaire de rhétorique s'étant trouvée vacante quelque temps après, M. Fourcroy la lui offrit. Le ministre voulait qu'il expliquât Euclide le matin et Cicéron le soir; mais M. Roux ne consentit point à remonter dans cette chaire : « Je veux, me dit-il, me borner à mes mathéma» tiques, parce que les vérités mathématiques sont indé» pendantes des révolutions et restent les mêmes sous tous » les gouvernemens. » M. IDT.

[2] Il méritait à tous égards d'être le doyen de cette faculté. *Nous avons préféré M. Mollet, notre ancien confrère*, lui dit à ce sujet M. Roman, inspecteur général et ancien oratorien aussi. « Je vous sais gré de cette naïveté », lui répondit M. Roux; et il n'y pensa plus. LE MÊME.

le 25 juillet 1809, docteur ès-sciences de l'université le 11 octobre de la même année, il n'a cessé d'admettre les jeunes gens dans le sanctuaire du temple dont il était le ministre. Tout le monde sait avec quel art admirable, avec quelle aisance étonnante, il versait dans l'âme des autres les trésors de son intelligence ; ses élèves se trouvaient au grand jour sans presque s'être aperçus des ténèbres, tant sa main habile, experte et légère, avait allumé rapidement pour eux le flambeau de l'instruction. Lorsqu'il fut appelé à l'enseignement des mathématiques transcendantes, M. Ampère, notre célèbre et savant compatriote, fut chargé de la géométrie. Ampère est cependant plus fort que moi, mais j'enseigne mieux que lui, dit-il à M. Idt. « Il avait » raison, remarque ce dernier professeur. Comme un » autre Fontenelle, M. Roux répandait la grâce et la » lumière sur les matières les plus abstraites et les plus » difficiles. »

Dans ces temps où les mathématiques étaient si importantes pour la triste pratique de la guerre, comme elles le sont encore pour tant de services publics et d'arts industriels, pourrais-je compter les élèves dont il peupla l'école polytechnique ? avoir reçu l'enseignement d'un tel maître, équivalait, pour ainsi dire, au plus sévère examen. On n'a pas suffisamment apprécié l'utilité première de ces professeurs érudits, modestes et laborieux, qui ont formé des sujets si chers et si honorables pour l'état. Ils ont aussi leur part dans nos triomphes éphémères et notre gloire impérissable. Et cependant ce n'était pas à eux qu'on songeait, lorsque l'univers écoutait, dans le silence de l'admiration, rouler le char de nos victoires ; lorsque les rois de l'Europe s'élançaient de nos rangs plébéiens, et que l'Arabe même, au seuil de sa tente, fidèle une fois à la vérité historique, faisait des exploits de nos guerriers l'objet de ses fantastiques récits.

Les travaux auxquels M. Roux s'est livré comme professeur, sont tous conservés manuscrits. On a réuni ses cours de mathématiques pures et de mathématiques transcendantes, un traité de géométrie qu'il a composé, ses cours de philosophie et de rhétorique et la collection des discours et des exercices littéraires récités par ses élèves ou prononcés par lui-même, à chaque distribution des prix du collége de Notre-Dame. Ces productions sont au nombre de trente-cinq, dans lequel on distingue : 1.° un discours sur l'esprit philosophique par rapport aux belles-lettres; 2.° un discours sur l'établissement des communes, prononcés par l'auteur, le premier à la date du 24 août 1776, et le second, le 24 août 1790; 3.° un exercice littéraire relatif à Platon et à quelques passages de ses livres sur la législation, récité par les élèves le 2 mai 1791; 4.° un exercice historique sur la forme du gouvernement anglais, depuis l'invasion des Romains, jusqu'à l'époque de la grande charte, récité aussi par les élèves le 18 avril 1793. C'est le dernier travail de ce genre.

Vous le voyez, Messieurs, ils sont incontestés et remarquables les services que M. l'abbé Roux, prédicateur et professeur, a rendus à la religion, à l'art oratoire et aux sciences exactes. Rentrons à présent en nous-mêmes, et souvenez-vous de la vie et du mouvement qu'il imprimait à vos travaux.

Admis à l'Académie, le 30 janvier 1781, il prononça son discours de réception, en séance publique le 1.er mai suivant. Il exposa et distingua dans ce discours les avantages que procure à la société la réunion des sciences avec les lettres, qui cependant, dit-il, doivent se rapprocher sans se confondre; il ne faut pas rompre la barrière qui les sépare. L'orateur convient de l'excellence de la méthode géométrique dans les mathématiques; mais il croit qu'il serait dangereux d'appliquer cette méthode aux autres sciences, telles que la politique et la morale : si elle est pour les mathématiques une source de clarté, de précision et d'exactitude, elle serait, au contraire, dans la morale une source d'incertitude, de paradoxes et d'erreurs; elle ne peut conduire à aucune vérité nouvelle, ni servir pour exposer les vérités déjà connues; elle se plierait également à tous les systèmes, et loin de porter l'évidence dans la politique et la morale, elle ne ferait que favoriser la diversité des opinions. M. l'abbé Roux cite pour exemple la question du luxe. En un mot, ajoute-t-il, cette méthode convertit le doute en certitude, accrédite toutes les erreurs, et change en problèmes toutes les vérités.

S'il nous était possible de suivre pas à pas notre confrère dans sa longue carrière académique, nous ne saurions qu'admirer le plus, ou son assiduité exemplaire, ou ses rapports multipliés, ou ses diverses productions personnelles, ou ses conseils et ses encouragemens remplis d'adresse et de bienveillance, ou cette faculté créatrice des dispositions organiques qui dirigent, soutiennent et raniment les associations nombreuses. Le voilà qui paye tour à tour son tribut par un essai sur la géométrie de l'infini, ou démonstration simple et rigoureuse des procédés du calcul différentiel; par un mémoire sur les nombres impairs, et par un mémoire sur cette question : *Peut-on différencier des équations à une seule variable?* L'auteur prouve dans cette dernière dissertation que les efforts qu'on a faits pour sommer la progression harmonique ont été infructueux. Il cite plusieurs exemples où le calcul de l'infini, après avoir paru donner des solutions satisfaisantes, les a vues s'évanouir par une discussion plus approfondie. S'agit-il de rapports à faire sur des ouvrages de mathématiques? c'est presque toujours à M. Roux qu'on les demande, et toujours il s'en acquitte avec précision et lucidité. Le P. Balleur, de l'Oratoire, et d'autres savans se flattent-ils d'avoir résolu le fameux problème de la quadrature du cercle? M. Roux démontre sans peine combien il est à regretter que de véritables talens se consument en vains efforts. Le 8 juillet 1788, Ampère, alors âgé de 13 ans, manifesta la même prétention auprès de l'Académie, qui avait pris le parti de ne plus s'occuper de semblables mémoires; mais l'abbé Roux fit exception à la règle, eu égard à l'âge de l'auteur qui préludait dans ses jeux à sa juste célébrité. L'espérance frivole de trouver une équation entre le diamètre et la circonférence, n'est-elle pas un jouet amusant pour l'enfance d'un mathématicien?

Le 22 juin 1784, notre confrère fut appelé aux fonctions de directeur. Le 13 octobre suivant, il complimenta en cette qualité, au nom de l'Académie en corps, M. Terray, nommé à l'intendance de Lyon, en remplacement de M. de Flesselles. « Au milieu de la joie et des félicitations publiques, lui disait-il, l'Académie croit avoir un motif particulier d'applaudir à la nouvelle preuve de confiance que vous donne le souverain. Elle sait que vous aimez, que vous encouragez les arts. Occupée tout entière à maintenir leur éclat, dans une ville où leur prospérité est nécessaire au bonheur d'un peuple nombreux, elle espère que vous les protégerez, autant par goût que par amour pour le bien public. Notre compagnie s'honorera de partager ce noble soin avec vous : si nos travaux sont utiles, votre appui leur est plus d'une fois nécessaire. Nous n'aspirons qu'au mérite de proposer des vues avantageuses ; votre gloire sera de les faire adopter. » Le discours que M. Roux prononça pour rendre compte des travaux académiques, dans la séance publique du 7 décembre, avait pour sujet l'utilité des corps littéraires. Etonné de la voir mettre quelquefois en problème, il prouva que l'objet de leurs travaux avait dû changer sans rien ôter à leur mérite. En effet, Messieurs, les académies ont, ce me semble, accompli leur mission primitive, qui était d'inspirer et de propager le goût de l'instruction, devenu général ; d'exciter une émulation qui s'est emparée de tous les esprits, et dont les résultats, quoi qu'on en dise, ne peuvent avoir jamais rien de fâcheux. Maintenant, sans renoncer à leur concours pour l'éclat et la prospérité des sciences, des lettres et des arts, n'ont-elles pas le soin, le droit et le devoir de provoquer, d'éclairer, de diriger les recherches et les progrès des sciences économiques et industrielles, auxquelles tant de découvertes nouvelles offrent un vaste et brillant avenir ? Ne leur sera-t-il pas permis de s'attacher à cette branche de l'arbre encyclopédique, la plus précieuse pour les intérêts des hommes ; à ces connaissances morales et politiques qui exigent l'étude profonde du cœur humain, du droit public, de la législation et de l'histoire? Enfin, dans un gouvernement constitutionnel surtout, l'administration elle-même ne pourrait-elle pas tous les jours, sans altérer sa dignité, mettre à profit le désintéressement et le zèle des corps savans; et s'appuyant, pour beaucoup de détails utiles, sur leur avis motivé, les associer devant le public qui juge tout le monde, à sa responsabilité, à ses erreurs ou à ses succès [1]?

[1] Les sociétés particulières sont établies pour l'intérêt de la société générale. Elle leur impose le devoir d'être utiles : et le genre d'utilité qui leur est propre, c'est de recevoir de tous et de distribuer à tous l'instruction.

M. Roux, Compte-rendu manuscrit, lu en séance publique, le 8 germinal an IX.

La liberté politique fait naître l'esprit d'association. Il serait singulier qu'il fût défendu à des sociétés formées depuis long-temps, de s'occuper des grands intérêts que des sociétés nouvelles sont appelées à discuter. C'est aujourd'hui, dit-on, une vérité bien reconnue, que chacune des branches des connaissances humaines doit plus de perfectionnemens à l'impulsion progressive de l'esprit d'association qu'aux efforts des capacités les plus élevées, et qu'en toutes choses l'action combinée de plusieurs accomplit avec facilité ce qui serait impossible à l'action isolée de chacun.

Les corporations savantes peuvent donner aux travaux de l'esprit une direction générale et précise, un but commun, une harmonie, un caractère d'ensemble et d'universalité, sans lequel tout progrès véritable est impossible. Il faut qu'on leur doive l'impulsion, le mouvement, l'activité des sciences populaires et pratiques, des arts qui ont

Ces observations, Messieurs, ne sortent point de mon sujet. Je le prouve par un exemple dans la biographie de M. Roux. Le 12 juin 1792, M. le maire de Lyon écrit à l'Académie pour lui annoncer que le comité de l'assemblée nationale, chargé des objets concernant l'instruction publique, avait proposé de former dans le royaume plusieurs établissemens, sous le nom de lycées, destinés à l'enseignement des sciences,

un rapport immédiat avec les usages de la vie, tels que l'histoire, la politique, la physique, la géométrie, la mécanique, le dessin, la chimie, l'histoire naturelle, etc.; que tous les résultats essentiels soient publiés et connus; que toutes les expériences soient multipliées; que toutes les applications utiles soient tentées et provoquées; que tous les essais, faibles et infructueux dans l'isolement, se fortifient et se fécondent par le concours, se raisonnent, se mûrissent et se combinent dans l'intérêt de cette grande puissance qu'on nomme le public. Les choses seules ont de l'importance; les noms individuels perdent la leur. Aujourd'hui ce sont les nations et non les individus qui prévalent; on veut agir sur les masses et pour elles. Il est question de simplifier, de populariser, de généraliser toutes les connaissances : nous n'avons guères le temps et la volonté de préconiser les gloires particulières; et désormais le chœur des muses, pour embellir l'existence réelle, doit se faire entendre dans tous les rangs de la société humaine.

Il y a, ce me semble, deux moyens de mettre un terme aux vieilles et innocentes épigrammes contre les académies, et, ce qui est plus important, de donner aux corps savans et littéraires un objet constant et général d'intérêt et d'utilité : c'est d'y admettre tous ceux qui voudraient en faire partie, et d'y traiter tout sujet d'économie politique.

des belles-lettres et des arts utiles; mais que dans le plan du comité, il paraissait que la ville de Lyon n'était point comprise au nombre de celles où l'on voulait placer de pareils établissemens; ce qui serait nuisible à cette ville, à son immense commerce, à l'intérêt de ses citoyens et de tous ceux du département. En conséquence, M. le maire invite l'Académie à nommer des commissaires pour composer un mémoire qui démontre la nécessité d'un lycée à Lyon, en considérant l'avantage général du royaume comme celui d'une ville aussi essentielle à sa prospérité, qui peut fournir sans frais de grands établissemens déjà formés, et tous les sujets convenables pour une nouvelle organisation. Le mémoire, sous forme de pétition, serait remis à la commune pour être adressé par elle à l'assemblée nationale. L'Académie, saisissant avec empressement les vues patriotiques de M. le maire, sur un objet dont plusieurs de ses membres se sont depuis long-temps occupés, choisit M. Roux pour composer ce mémoire; et j'en ai assez dit pour que vous sachiez s'il fut bien fait.

Remarquons, Messieurs, comme en passant et sans nous plaindre, que quand l'autorité distribue, je ne dis pas ses faveurs, mais les établissemens, les institutions de l'état, Lyon se trouve presque toujours oublié. Le gouvernement fixe sur Paris ses regards concentriques. On croit avoir assez fait pour notre bonheur, en nous permettant d'enrichir le royaume et d'étonner l'univers par les magnifiques produits de nos arts. Eh bien! subissons notre destinée; que le génie créateur nous suffise; parcourons dans chacun de ses rayons la sphère de l'industrie; de tous les dieux du vieux Olympe n'adorons que le travail : on lui doit l'aisance et la liberté.

Ce phœnix de l'industrie manufacturière, qui si souvent renaquit de ses cendres, allait expirer encore; le flambeau des arts était sur le point de s'éteindre dans le sang; de toutes parts on s'écriait : *Les dieux s'en vont.* Enfin, Messieurs, nous en étions à l'an second de la république française : dans la séance du 9 avril 1793, à laquelle cinq personnes assistaient, on avait unanimement arrêté qu'à l'avenir, dans tous les actes émanés de l'Académie, ainsi que dans les rapports de ses commissaires et dans les procès-verbaux de ses séances, la dénomination de Monsieur et Messieurs serait supprimée. On disait l'académicien Mathon, l'académicien Rozier, l'académicien Gilibert. M. de La Tourette avait ajouté à sa signature le nom de Claret. Les assemblées étaient abandonnées, les lectures étaient négligées, le corps académique était à l'agonie. C'était le moment où, suivant les expressions du poète lyonnais, Chassagnon [1], on frappait tout à la fois le diadème et la tiare, l'hypocrisie et la ferveur, les droits féodaux et l'esprit de subordination, les colombiers et l'évangile, la Bastille et la conscience, les vices et les devoirs, l'usurpation et la propriété, les abus et les principes. Alors M. Roux trouva dans son cœur les sentimens naturels aux âmes sensibles et généreuses; comme un véritable ami, lorsqu'il allait perdre l'objet de sa tendresse, il le chérissait davantage. Il voulait soutenir son existence et ranimer ses forces. Il conçut, il rédigea, il proposa,

[1] *Offrande à Châlier.*

il fit adopter, après une discussion approfondie pendant quatre séances, de nouveaux règlemens pour donner de l'activité aux travaux de l'Académie. On admira leur précision et leur importance : ils auraient sauvé Troie, si Troie avait pu l'être. En voici les principales dispositions :

Chaque séance était divisée en deux parties. Pendant une heure, on devait s'occuper exclusivement des délibérations en tout genre, et les moyens étaient indiqués pour que ces délibérations eussent lieu effectivement. Le reste de la séance était consacré à des lectures ; chaque lecture ne pouvait durer qu'une demi-heure. L'Académie choisissait, parmi les professeurs, savans, hommes de lettres et amateurs quelconques, résidant à Lyon, un certain nombre de personnes, qui pouvaient assister à cette partie des séances ; de sorte que, sans participer au régime intérieur, elles doublaient néanmoins l'activité des exercices académiques par le concours de leurs travaux. Le mode des choix à faire était déterminé par un règlement particulier, dont le plan avait paru neuf et ingénieux, en ce qu'il laissait sous le voile du secret le nom de la personne à qui l'admission serait refusée. Tous ceux qui n'avaient pas reçu d'invitation générale aux séances, pouvaient y assister lorsqu'ils avaient un ouvrage à lire, une observation ou une découverte à communiquer. Toute personne ayant droit de séance aurait introduit dans les assemblées particulières les savans et les amateurs étrangers. Des dispositions détaillées étaient prises pour qu'il y eût au moins une lecture assurée pour chaque séance. Chaque académicien était invité, par tous les motifs d'honneur et d'attachement pour l'Académie et pour ses confrères, à assister régulièrement au moins à la partie des séances destinée pour les lectures; d'y apporter assidûment les fruits de ses recherches et de ses observations; d'engager tous les hommes à talent avec lesquels ils étaient en relation, à venir communiquer à l'Académie leurs productions et leurs découvertes.

Ainsi M. Roux, dont l'esprit aimait les progrès de toutes les institutions sociales, comme il était capable d'y concourir, proclamait un des plus grands moyens de les garantir : c'est la publicité.

On en vaut mieux quand on est regardé.

Je suis entré dans ces détails, parce qu'ils peuvent devenir utiles, et surtout parce qu'ils vous prouvent, Messieurs, combien il était naturel que l'excellent esprit qui s'était opposé de toute sa force à l'anéantissement de votre compagnie, fût des premiers à en assurer le rétablissement et les succès. Vous lui devez vos sages règlemens et l'heureuse impulsion que vous suivez encore. Depuis 1800 jusqu'à 1811, il n'a cessé de marcher à notre tête, jouissant de notre affection constante et de la légitime influence de son mérite reconnu. Je ne parlerai plus de ses doctes mémoires, de ses discours élégans, de ses fidèles comptes-rendus, de ses rapports ingénieux et piquans qu'il lisait d'une voix si harmonieuse et si pure, et de ses procès-verbaux de secrétaire, si admirables par leur exactitude et leur précision. Le souvenir en est récent, le temps nous presse, et peut-être l'incomplète histoire des travaux auxquels M. Roux prit tant de part, sera publiée quelque jour. Je ne citerai qu'un fragment de l'éloge de l'abbé La Serre, qu'il avait prononcé, en 1787, dans une séance publique.

« Renfermé dans les fonctions laborieuses de son état, M. La Serre se regardait comme le dépositaire des espérances de la nation. Il s'était dit souvent à lui-même : « C'est ici, c'est dans l'enceinte de ces murs, que se » prépare le bonheur de la génération qui doit nous » suivre. Ici s'allument les premiers feux de cette ému- » lation, la mère des talens, le présage de la gloire ; » ici l'homme moral commence à se former. O ma » patrie ! quel est donc le trésor que tu as remis entre » mes mains ! je suis comptable envers toi de chaque » instant de ma vie ; c'est à moi d'étouffer dans ces » jeunes cœurs, les semences de l'erreur et du vice, » pour y faire germer les vérités et les vertus. Je m'y » consacre sans réserve. »

« Étudier tous les caractères, pour les amener au » même but, par des moyens différens ; exciter les uns par » la louange, retenir les autres par la crainte ; éveiller » l'amour-propre, en réprimant l'orgueil ; inspirer une » utile confiance, sans faire naître la présomption ; mo- » dérer les saillies de l'esprit, sans détruire sa vivacité ; » le plier au joug, sans briser son ressort ; faire succéder » habilement les reproches aux conseils, les conseils aux » éloges ; en un mot, prendre toutes les formes, et tour- » à-tour, employer l'autorité, la raison et le sentiment : » tels sont les devoirs d'un sage instituteur, et tel fut le » privilége de M. La Serre qu'il les remplit toujours avec » un égal succès, et comme par un don particulier de la » nature. Il était né pour former la jeunesse ; par sa pré- » sence seule, il lui inspirait la confiance ; tous les cœurs

» lui étaient ouverts ; d'un coup-d'œil, il en avait pé-
» nétré les mouvemens les plus secrets, et par l'ascendant
» de son esprit et de son imagination, il en disposait à
» son gré. »

Tous les élèves de M. Roux, tous ceux qui ont vécu avec lui, en lisant ce portrait, le reconnaîtront sans peine et diront qu'en peignant son maître, il s'est peint lui-même. C'était dans la conscience de son propre mérite qu'il puisait ses couleurs.

Ses productions académiques, comme ses autres ouvrages, existent sans qu'aucune ait vu le jour dont elles étaient si dignes. Il a laissé, de plus, les matériaux et les ébauches de plusieurs compositions, entr'autres, un éloge de Bossuet, un discours : *De l'influence d'une constitution libre sur l'éloquence*, question qui forme en grande partie le sujet d'un prix, mis actuellement au concours : *De l'influence du gouvernement représentatif sur nos mœurs et sur notre littérature* [1] ; et divers mémoires sur des sujets importans de droit et de législation.

Pour achever l'éloge du confrère que la mort nous a enlevé, à Ecully, le 1.er décembre 1829, j'aurais encore à vous rappeler toutes les qualités brillantes dont il était doué, toutes les facultés de son intelligence supérieure ; cette présence et cette vivacité d'esprit qui ne l'abandonnaient jamais ; ce don des saillies heureuses et des réparties fines, sans amertume ; ce don d'insinuer la conviction qu'il possédait au plus haut degré, et qui prenait sa source, soit dans la connaissance du cœur humain, soit dans une élocution abondante et rapide ou

[1] Le prix de 2,000 fr. a été proposé par les auteurs de la *Revue de Paris*, recueil périodique.

dans une dialectique pressante et rigoureuse ; enfin , cet art particulier d'être aimable dans les cercles, art précieux dont il partageait les avantages avec nos Petit, nos Delandine et nos Bérenger, et qui chez lui avait encore plus d'éclat; art difficile et rare de nos jours, où tous les hommes de talent semblent n'être plus désireux que de plaire au public assemblé, ou la plume à la main.

Mais, pour me renfermer dans le goût sérieux et politique de notre siècle, je retracerai quelques traits d'utilité générale qui honorent M. Roux dans l'ordre administratif. Comme il avait un grand mérite et une grande réputation, il avait été mis en prison, dans un temps dont on a soin de renouveler souvent la funeste mémoire. A peine rendu à la liberté par la commission révolutionnaire, il fut nommé membre d'un comité de salubrité. Il fit en cette qualité un rapport sur les inhumations ; et c'est, je crois, avec le livre dont je vais parler, le seul ouvrage revêtu de son nom qui ait été donné à l'impression. Il participa peu de temps aux opérations d'une commission de travaux publics ; mais, en 1802, membre de la commission des poids et mesures établie à Lyon, il fut le principal auteur de l'*Instruction sur les nouvelles mesures à l'usage du département du Rhône.* Ce livre important, à la composition duquel concoururent M. Mollet, notre confrère, M. Mounier et l'ingénieur en chef, fut cité comme un modèle de rédaction. J'en ai fait ailleurs la remarque : parmi les productions de nos académiciens, ce fut sans doute le volume le plus feuilleté par toutes les classes de lecteurs ; rare privilége pour les mathématiques ! M. Roux, ayant passé la plus grande partie de sa vie dans l'intimité d'un ami, son confrère et le nôtre, de M. Jars, propriétaire à Ecully, dont le fils lui doit une éducation qui honore et le maître et l'élève, il fut appelé, en 1805, aux fonctions de maire de cette commune; il les exerça cinq ans, et il entra en 1810 dans le conseil municipal. Ce génie, habitué à planer dans les hautes sphères de la science, se prêtait merveilleusement à la résolution des petites passions de village, au calcul des intérêts communaux. Il aimait trop la justice pour ne pas la rendre à chacun; et, quels que fussent ses nouveaux devoirs, il conserva jusqu'au dernier jour de sa vie l'attachement à sa patrie, et ce noble amour de la liberté, qu'il exprimait avec énergie quarante ans avant sa mort. C'est par ses propres paroles que je veux terminer son imparfait éloge. Je les prendrai dans son discours sur l'établissement des communes, qui, dans le moment où j'ai l'honneur de vous entretenir, offre encore beaucoup d'à-propos. Après avoir retracé les anciennes franchises de la ville de Lyon, et les efforts qu'avaient dû faire les Lyonnais pour les obtenir, l'orateur s'écrie :

« Il existe encore dans nos murs, ce monument [1] simple et respectable, fondé par le civisme, consacré par la religion, où furent convoquées les premières assemblées de la commune. Un bâtiment somptueux (l'Hôtel-de-ville) en a remplacé l'usage ; mais, tandis que l'étranger considère avec admiration la magnificence de l'édifice moderne, le patriote attendri s'arrête devant la chapelle antique où nos aïeux déposèrent leur premier serment de mourir plutôt que d'être as-

[1] La chapelle St-Jacques.

servis. Citoyens ! ce monument que plusieurs de vous n'ont peut-être jamais remarqué, aliéné depuis à un clergé [1] modeste et laborieux, rentre aujourd'hui dans vos domaines. Nous l'avons conservé dans un temps où sa chûte nous offrait des spéculations utiles, et même des ressources presque nécessaires ; auriez-vous pour lui moins de vénération ? il périra, démoli par les années, mais il serait indigne de vous d'en consentir ou d'en accélérer la ruine. Qu'il subsiste pour la gloire de nos ancêtres ! qu'il subsiste pour l'honneur de la cité, et que nos neveux puissent redire long-temps comme nous : Ce fut ici le berceau de notre liberté ! »

[1] Le chapitre de St-Nizier.

www.ingramcontent.com/pod-product-compliance
Ingram Content Group UK Ltd.
Pitfield, Milton Keynes, MK11 3LW, UK
UKHW020550230726
13925UKWH00006B/2502

9 782019 250522